中华人民共和国行业推荐性标准

公路桥梁抗震性能评价细则

Guidelines for Aseismic Performance Evaluation of Highway Bridges

JTG/T 2231-02—2021

主编单位：交通运输部公路科学研究院
批准部门：中华人民共和国交通运输部
实施日期：2021 年 07 月 01 日

人民交通出版社股份有限公司
北 京

律师声明

本书所有文字、数据、图像、版式设计、插图等均受中华人民共和国宪法和著作权法保护。未经人民交通出版社股份有限公司同意，任何单位、组织、个人不得以任何方式对本作品进行全部或局部的复制、转载、出版或变相出版。

本书扉页前加印有人民交通出版社股份有限公司专用防伪纸。任何侵犯本书权益的行为，人民交通出版社股份有限公司将依法追究其法律责任。

有奖举报电话：（010）85285150

北京市星河律师事务所
2020 年 6 月 30 日

图书在版编目（CIP）数据

公路桥梁抗震性能评价细则：JTG/T 2231-02—2021/交通运输部公路科学研究院主编．— 北京：人民交通出版社股份有限公司，2021.4

ISBN 978-7-114-16433-0

Ⅰ．①公⋯ Ⅱ．①交⋯ Ⅲ．①公路桥—防震设计—设计规范—中国 Ⅳ．①U448.142.5-65

中国版本图书馆 CIP 数据核字（2020）第 049930 号

标准类型：中华人民共和国行业推荐性标准
标准名称：公路桥梁抗震性能评价细则
标准编号：JTG/T 2231-02—2021
主编单位：交通运输部公路科学研究院
责任编辑：丁　遥
责任校对：孙国靖　扈　婕
责任印制：张　凯
出版发行：人民交通出版社股份有限公司
地　　址：（100011）北京市朝阳区安定门外外馆斜街 3 号
网　　址：http://www.ccpcl.com.cn
销售电话：（010）59757973
总 经 销：人民交通出版社股份有限公司发行部
经　　销：各地新华书店
印　　刷：北京市密东印刷有限公司
开　　本：880×1230　1/16
印　　张：3.25
字　　数：80 千
版　　次：2021 年 4 月　第 1 版
印　　次：2021 年 4 月　第 1 次印刷
书　　号：ISBN 978-7-114-16433-0
定　　价：40.00 元

（有印刷、装订质量问题的图书，由本公司负责调换）

中华人民共和国交通运输部

公 告

第 19 号

交通运输部关于发布
《公路桥梁抗震性能评价细则》的公告

现发布《公路桥梁抗震性能评价细则》(JTG/T 2231-02—2021)，作为公路工程行业推荐性标准，自 2021 年 7 月 1 日起施行。

《公路桥梁抗震性能评价细则》(JTG/T 2231-02—2021) 的管理权和解释权归交通运输部，日常管理和解释工作由主编单位交通运输部公路科学研究院负责。

请各有关单位注意在实践中总结经验，及时将发现的问题和修改建议函告交通运输部公路科学研究院（地址：北京市海淀区西土城路 8 号，邮政编码：100088），以便修订时研用。

特此公告。

中华人民共和国交通运输部
2021 年 3 月 17 日

交通运输部办公厅	2021 年 3 月 18 日印发

前 言

根据交通运输部《关于下达2010年度公路工程标准制修订项目计划的通知》（厅公路字〔2010〕132号）的要求，由交通运输部公路科学研究院承担《公路桥梁抗震性能评价细则》（JTG/T 2231-02—2021）的编制工作。

本细则在总结近年来工程实践经验和科研成果，并吸取汶川地震及国内外其他地震桥梁震害和震后修复经验的基础上，借鉴国外相关标准规范，依据《中华人民共和国防震减灾法》和现行《中国地震动参数区划图》（GB 18306）的规定编制而成。其间，编制组广泛征求了业内外有关单位和专家的意见。本细则为既有公路桥梁抗震性能评价及之后的加固提供依据。

本细则共有5章，分别为：1 总则、2 术语和符号、3 基本规定、4 桥梁抗震性能定性评价、5 桥梁抗震性能详细评价，提供了公路桥梁抗震性能评价流程和方法。

请各单位在使用过程中注意总结经验，将发现的问题与建议及时函告主编单位交通运输部公路科学研究院（地址：北京市海淀区西土城路8号，邮编：100088，联系电话：010-62025055，电子邮箱：kh.wang@rioh.cn），以便修订时研用。

主 编 单 位：交通运输部公路科学研究院
参 编 单 位：中国地震局地球物理研究所
　　　　　　　四川省交通运输厅公路规划勘察设计研究院
　　　　　　　招商局重庆交通科研设计院有限公司
　　　　　　　同济大学
　　　　　　　安徽省交通规划设计研究总院股份有限公司
　　　　　　　中交公路规划设计院有限公司
主　　　　编：王克海
主要参编人员：张劲泉　张盼盼　高孟潭　庄卫林　唐光武
　　　　　　　　王志强　沈永林　王胜斌　赵君黎

目　次

1 总则 …………………………………………………………………………………… 1
2 术语和符号 …………………………………………………………………………… 4
　2.1 术语 ……………………………………………………………………………… 4
　2.2 符号 ……………………………………………………………………………… 4
3 基本规定 ……………………………………………………………………………… 7
4 桥梁抗震性能定性评价 ……………………………………………………………… 12
　4.1 一般规定 ………………………………………………………………………… 12
　4.2 桥墩细部构造评价 ……………………………………………………………… 12
　4.3 支座性能评价 …………………………………………………………………… 15
　4.4 防落梁性能评价 ………………………………………………………………… 16
　4.5 场地地震地质灾害危险性评价 ………………………………………………… 18
5 桥梁抗震性能详细评价 ……………………………………………………………… 22
　5.1 一般规定 ………………………………………………………………………… 22
　5.2 建模与分析原则 ………………………………………………………………… 23
　5.3 地震作用 ………………………………………………………………………… 24
　5.4 分析方法 ………………………………………………………………………… 29
　5.5 基础抗震性能评价 ……………………………………………………………… 31
　5.6 桥台抗震性能评价 ……………………………………………………………… 32
　5.7 桥墩抗震性能评价 ……………………………………………………………… 35
　5.8 支座性能评价 …………………………………………………………………… 38
　5.9 梁部和节点区域抗震性能评价 ………………………………………………… 40
本细则用词用语说明 …………………………………………………………………… 44

1 总则

1.0.1 为贯彻执行《中华人民共和国防震减灾法》，规范和指导既有公路桥梁抗震性能评价工作，保障公路桥梁抗震性能，制定本细则。

条文说明

我国处于世界两大地震带即环太平洋地震带和亚欧地震带之间，是一个地震多发国家。我国地震的特点是发生频率高、强度大、分布范围广、伤亡大、灾害严重。根据《中国地震动参数区划图》（GB 18306—2015），我国绝大部分地区位于地震烈度Ⅵ度以上区域，58%的国土面积位于Ⅶ度以上的地震设防区。公路桥梁是生命线系统工程中的关键节点。在抗震救灾中，路网是抢救人民生命财产和尽快恢复生产、重建家园、减轻次生灾害的重要环节。近年来国内外桥梁抗震性能评价、加固改造实践和震害经验表明，对既有公路桥梁进行抗震性能评价，并对需要进行抗震加固改造的桥梁采取相应措施，是减轻地震灾害的重要途径。

2009年5月1日施行的《中华人民共和国防震减灾法》，对于防震减灾工作，实行预防为主、防御与救助相结合的方针，对我国防震减灾工作提出了更为明确的要求和相应的具体规定。我国既有公路桥梁由于建设年代不同，依据的抗震设计规范不同，甚至有些未考虑抗震设防，有些虽然考虑了抗震，但依据2016年6月1日实施的《中国地震动参数区划图》（GB 18306—2015）需要对桥梁的抗震性能重新评价。为确保生命线工程中公路桥梁的抗震安全，以及震后桥梁满足预期的抗震性能要求，在广泛吸收、消化国内外桥梁抗震评价成熟技术基础上，主要借鉴美国联邦公路署（局）编制的《公路结构物抗震加固改造手册（上册：桥梁）》（人民交通出版社，2008年7月）及2008年汶川地震桥梁震害与修复经验，将既有公路桥梁抗震性能评价的要求和规定单独成册，制定本细则，作为对既有桥梁进行抗震性能评价的依据。

1.0.2 本细则适用于基本地震动峰值加速度不大于0.4g地区（对应地震烈度Ⅸ度区）的跨径不超过150m的既有公路混凝土梁式桥的抗震性能评价，对斜拉桥、悬索桥、拱桥、特殊复杂桥梁以及位于近断层附近桥梁，可按本细则的原则进行评价。

条文说明

我国现行地震动区划图是依据历史记录的地震情况，结合有限的地震地质资料，以50年超越概率10%（相当于地震重现期475年）的概率地震危险性分析为基础，并考虑该地区社会重要性及经济条件而确定的，再加之地震是偶然、随机的极端事件，可能出现实际发生的地震重现期远大于475年的情况，这样实际地震烈度就会远大于抗震设防烈度。地震历史资料显示，Ⅵ度区也存在发生强烈地震（大震）的风险。近数十年来，我国Ⅶ度地震设防区甚至Ⅵ度地震设防区发生过较大地震甚至特大地震。事实上，《中国地震动参数区划图》（GB 18306—2015）给定的是一个中震水平的地震动参数。虽然地震预测预报仍存在技术上的困难，但唐山地震、汶川地震的地震经验表明：经过抗震设计和采取抗震措施的结构具有一定的抗震能力，震害相对较轻，绝大多数结构基本上能达到大震不倒的设防目标。为此，本细则依据《中国地震动参数区划图》（GB 18306—2015）的编制原则，将我国所有地区（包括Ⅵ度区）的既有桥梁纳入抗震性能评价的范围，评价其在遭遇地震时的抗震性能。

近四十多年来，我国公路桥梁建设发展得非常快，修建了大量的斜拉桥、悬索桥、拱桥以及桥型复杂桥梁，由于目前缺少相关系统深入的研究成果及成熟的技术，对斜拉桥、悬索桥、拱桥、特殊复杂桥梁以及位于近断层附近桥梁的抗震性能评价仍需作专门研究，本细则只给出这些类型桥梁的抗震评价原则。

1.0.3 抗震设防地震动参数应采用现行《中国地震动参数区划图》（GB 18306）的地震动参数，对同期已完成专门地震安全性评价的桥址，应采用批准的地震动参数值。

条文说明

地震动参数区划图是为一般工程提供抗震设防要求，而抗震设防烈度大于Ⅸ度地区的桥梁以及行业有特殊要求的大跨度或特殊桥梁，应对其桥址进行专门的地震安全性评价。地震作用大小不仅与地震动峰值加速度有关，还与场地土类型有关，因此应按《中国地震动参数区划图》（GB 18306—2015）给出的"两图两表"取值。"两图两表"即"中国地震动峰值加速度区划图""中国地震动加速度反应谱特征周期区划图""场地地震动峰值加速度调整系数表""场地基本地震动加速度反应谱特征周期调整表"。抗震设防地震动参数应依据表1-1取值。

表1-1 抗震设防地震动参数取值表

桥址特征	抗震设防地震动参数		
	地震动区划图参数	安评地震动参数	取大值
从未做过安评	√		
《中国地震动参数区划图》（GB 18306—2015）颁布前已做过地震安评，颁布后未做过地震安评			√

续表1-1

桥址特征	抗震设防地震动参数		
	地震动区划图参数	安评地震动参数	取大值
《中国地震动参数区划图》（GB 18306—2015）颁布后做过地震安评		√	

1.0.4 公路桥梁抗震性能评价除应符合本细则的规定外，尚应符合国家和行业现行有关标准的规定。

2 术语和符号

2.1 术语

2.1.1 抗震性能评价 aseismic performance evaluation

通过检查既有桥梁的设计、施工质量、运营维护记录和现状,按规定的抗震设防要求,综合考虑结构构造、构件力学指标、变形等因素,对其在相应设防水准地震作用下的构件和体系抗震性能及安全性进行的评价。

2.1.2 抗震设防地震动参数 ground motion parameter for aseismic fortification

按国家规定的权限批准作为给定区域或场地抗震设防依据的地震动参数。

2.1.3 地震危险性 seismic hazard

在未来给定时间内(一般采用50年或100年),给定区域或场地内地震动参数超过给定值的概率。

2.1.4 基本地震动 basic ground motion

相应于50年超越概率10%(相当于地震重现期为475年)Ⅱ类场地的地震动。

2.1.5 振型贡献率 mode mass ratio

归一化的振型质量与总质量的比率。

2.1.6 E1地震作用 earthquake action E1

地震重现期较短的地震作用。

2.1.7 E2地震作用 earthquake action E2

地震重现期较长的地震作用。

2.2 符号

2.2.1 作用和作用效应

A_h —— Ⅱ类场地基本地震动峰值加速度；
E —— 计算方向总的最大地震作用效应；
E_X —— X向地震作用在计算方向产生的最大效应；
E_Y —— Y向地震作用在计算方向产生的最大效应；
E_Z —— Z向地震作用在计算方向产生的最大效应；
E_{ea} —— 地震主动土压力；
E_{hau} —— 作用于台身重心处的水平地震作用力；
G_{au} —— 基础顶面以上台身的重力；
Q_e —— 地震作用效应；
S —— 场地水平向加速度反应谱；
S_{max} —— 场地水平向加速度反应谱最大值。

2.2.2 计算参数

C_d —— 阻尼调整系数；
C_i —— 抗震重要性系数，即不同地震重现期地震动峰值加速度与基本地震动峰值加速度的比值；
C_s —— 场地系数；
c —— 黏性填土的黏聚力；
K_A —— 非地震条件下作用于台背的主动土压力系数；
K_a —— 地震主动土压力系数；
α —— 桥台背面与竖直方向之间的夹角；
β —— 填土表面与水平面的夹角。

2.2.3 材料性能和几何特征

A_e —— 核心混凝土面积；
A_g —— 毛截面面积；
A_k —— 同一截面上箍筋的总面积；
d_b —— 基础埋置深度；
d_u —— 上覆非液化土层厚度；
d_w —— 地下水位深度；
d_0 —— 液化土特征深度；
f_{ck} —— 混凝土轴心抗压强度实测值或标准值；
f_{yh} —— 箍筋抗拉强度实测值或标准值；
f_{yk} —— 纵向钢筋抗拉强度实测值或标准值；
S_k —— 箍筋的间距；
γ —— 土的重度；
φ —— 台背土的内摩擦角。

2.2.4 其他参数

g——重力加速度；

ϕ_u——截面极限破坏状态的曲率；

ϕ_y——截面的等效屈服曲率。

3 基本规定

3.0.1 根据既有公路桥梁结构的重要性，应按表 3.0.1 将桥梁分为 A 类、B 类、C 类、D 类四个抗震设防类别。

表 3.0.1 桥梁抗震设防类别

桥梁抗震设防类别	桥 梁 特 征
A 类	单跨跨径超过 150m 的特大桥
B 类	单跨跨径不超过 150m 的高速公路、一级公路上的桥梁，单跨跨径不超过 150m 的二级公路上的特大桥、大桥
C 类	二级公路上的中桥、小桥，单跨跨径不超过 150m 的三、四级公路上的特大桥、大桥
D 类	三、四级公路上的中桥、小桥

条文说明

为了与相关标准协调一致，本细则沿用了相关标准中桥梁的分类，即依据跨径和桥梁所属公路等级将其分为 A、B、C、D 四类。

3.0.2 各抗震设防类别既有桥梁的抗震设防目标应符合表 3.0.2 的规定。

表 3.0.2 各抗震设防类别桥梁的抗震设防目标

桥梁抗震设防类别	设 防 目 标	
	E1 地震作用	E2 地震作用
A 类	一般不受损坏或不需修复可继续使用	可发生局部轻微损伤，不需修复或经简单修复可继续使用
B 类	一般不受损坏或不需修复可继续使用	应保证不致倒塌或产生严重结构损伤，经临时加固后可供维持应急交通使用
C 类	一般不受损坏或不需修复可继续使用	应保证不致倒塌或产生严重结构损伤，经临时加固后可供维持应急交通使用
D 类	一般不受损坏或不需修复可继续使用	

条文说明

为了评价出桥梁实际具有的抗震性能，可以不附加人为因素的桥梁分类，直接评价桥梁在不同地震作用水平下（即分别相当于地震重现期100年及100年以内、500年、1 000年、2 000年、2 500年）的抗震性能。

3.0.3 各类桥梁的抗震重要性系数 C_i，应按表3.0.3确定。

表3.0.3 地震动水平与 C_i 的对应关系

桥梁抗震设防类别	E1 地震作用	E2 地震作用
A 类	1.0	1.7
B 类	0.43（0.5）	1.3（1.7）
C 类	0.34	1.0
D 类	0.23	—

注：高速公路和一级公路上的大桥、特大桥，其抗震重要性系数取 B 类括号内的值。

3.0.4 桥梁抗震性能评价应在综合考虑结构易损性、地震危险性水平和地震地质灾害等基础上分为桥梁抗震性能定性评价和桥梁抗震性能详细评价两部分内容。桥梁抗震性能定性评价以桥梁使用状况、抗震措施和构造细节评价为主；桥梁抗震性能详细评价以结构和构件的抗震计算分析、构件强度和变形检算为主。

条文说明

桥梁抗震性能定性评价是在考虑抗震设防水准、地质灾害的基础上，主要强调桥梁的技术状况（如结构形式、运营管理情况、使用现状、外观施工质量等）、抗震措施和构造细节等的评价，目的在于快速、简便且保守地筛选抗震性能不良的桥梁，加以排序后指导优先进行抗震性能的详细评价以及后续的加固改造决策。既有桥梁抗震性能详细评价应配合现场实际调查和检测、结构抗震需求、能力分析计算等综合评价桥梁的抗震性能。既有桥梁抗震性能详细评价应依据结构形式、构件的实际材料强度、截面尺寸与构件细部构造等数据，采用适宜的结构分析方法，分析桥梁结构整体的抗震性能，计算构件的抗震能力。

3.0.5 对河道冲刷条件发生变化的桥梁进行抗震性能评价时，应考虑基础因冲刷引起桥梁抗震性能的变化。

条文说明

桥梁基础和抗震设计中通常会考虑冲刷的影响，但考虑到冲刷理论计算与实际情况存在差异，进行桥梁抗震性能评价时，应对桥梁桥址实际遭受冲刷情况进行调查，并对冲刷导致桥梁基础裸露情况进行分析。

3.0.6 进行构件的抗震检算和评价时，构件的抗震性能应按能力需求比进行判定：

$$\frac{能力}{需求} \geq 1.0，满足抗震性能要求$$

$$\frac{能力}{需求} < 1.0，不满足抗震性能要求$$

条文说明

能力需求比包括承载力能力与需求比和变形能力与需求比，其中变形又包括弹性变形和延性变形。能力需求比值大于或等于 1.0 表明该构件在该水准地震作用下不会发生破坏，小于 1.0 表明该构件在该水准地震作用下可能发生破坏。从结构体系中构件能力与需求的最低比值开始，调查其小于 1.0 的构件，并评价该构件的破坏对整体结构抗震性能的影响，根据评价结果和地震损伤可能发生的风险水平，最终决定是否对该桥梁进行加固改造。

地震需求包括上部结构、墩柱、桥台、支座、基础等的弯矩、剪力、轴力值以及支座、墩柱、基础和伸缩缝等的位移、转角和延性值等。各构件对应响应量的能力为根据构件的实际尺寸和材料性能经计算分析得到或试验验证所具有的能力值。计算构件的能力需求比，应明确其是否是可损伤构件，例如支座、挡块等，这类构件中震作用下允许产生损伤。

3.0.7 地震烈度和Ⅱ类场地基本地震动峰值加速度（A_h）的对应关系，见表 3.0.7。

表 3.0.7 地震烈度与Ⅱ类场地基本地震动峰值加速度对照表

Ⅱ类场地基本地震动峰值加速度	$0.04g \leq A_h < 0.09g$	$0.09g \leq A_h < 0.19g$	$0.19g \leq A_h < 0.38g$	$0.38g \leq A_h < 0.75g$	$A_h \geq 0.75g$
地震烈度	Ⅵ	Ⅶ	Ⅷ	Ⅸ	≥Ⅹ

注：本表引自《中国地震动参数区划图》（GB 18306—2015）。

3.0.8 公路桥梁抗震性能评价报告应包括下列内容：
1 桥梁建设概况；
2 桥梁使用状况与现场调查；
3 桥梁重要性评价；
4 桥梁抗震性能定性评价；
5 桥梁抗震性能详细评价。

条文说明

1 桥梁建设概况一般包括桥梁设计和建造阶段的相关资料，说明桥梁所在线路等级、结构形式、跨径组成、材料强度与特性、设计采用的规范、标准、场地地质条件、建成年代、地震危险性水平等设计建造情况。

2 桥梁使用状况与现状调查一般需说明桥梁运营中的使用、维修、养护情况，材料强度实测，场地地质补充勘察情况，桥梁关键构件（或部位）的现场情况，地基基础现场情况等。

3 桥梁重要性评价一般需说明桥梁在路网中的地位、抗震救灾作用、对经济与国防安全的影响等，给出地震水准及相应的桥梁抗震性能目标，并与原设计的设防标准进行对比说明。

4 桥梁抗震性能定性评价一般对防落梁措施、支座承载力、桥墩细部构造等进行评价。

5 桥梁抗震性能详细评价一般对桥墩、桥台、基础、支座、梁部的能力与需求进行评价与说明。

3.0.9 对跨线桥梁进行抗震性能评价时，上线桥梁抗震性能水平不应低于下线线路桥梁的标准。

条文说明

跨线桥梁一旦遭受地震破坏，不仅会影响到自身线路的交通，还会影响到下线交通，因此，上线桥梁抗震性能水平不应低于下线线路桥梁的标准。

3.0.10 桥梁抗震性能评价可按下列基本流程进行（图3.0.10）：

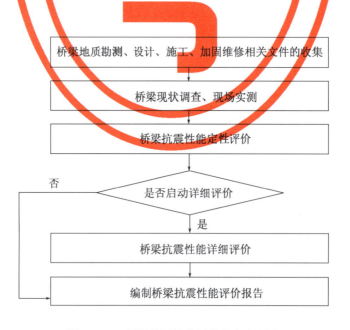

图 3.0.10 桥梁抗震性能评价基本流程图

1 收集桥梁的基本概况、勘察设计资料、施工和竣工验收的相关原始资料、施工质量和维护状况等，维护状况包括运营以来历次维修和改造资料、灾害事故报告、检查测试报告等。

2 调查桥梁现状与原始资料相符合的程度，查找相关的结构构件缺陷，并根据评价需要进行现场检测和补充实测数据。

3 根据桥梁类别、地震危险性水平进行既有桥梁的抗震性能定性评价。

4 根据抗震设防分类、抗震性能目标和地震危险性水平进行既有桥梁各关键构件强度、变形的检算。

5 编制桥梁抗震性能评价报告。

条文说明

本条明确规定了现有公路桥梁抗震性能评价的主要内容和步骤。

首先，收集桥梁勘测、设计、施工及加固维修的原始资料，进行待评价桥梁的现状调查。对桥梁进行抗震性能评价时，应补充必要的现场实测数据，则待评价桥梁现状调查结果主要包含四项内容：①桥梁的使用状况与原设计或竣工时的差异；②桥梁关键构件（桥墩、支座、减隔震装置、基础、桥台等）存在的问题，应从结构受力的角度，检查与原设计有无明显的变化；③桥梁使用状况的宏观检测，如损伤位置、损伤程度等；④现场实测结构材料的强度等。

桥梁抗震性能定性评价以桥梁使用状况、抗震措施和构造细节评价为主，其中构造细节评价包含桥墩和节点构造评价；抗震措施评价包含墩梁支撑长度防落梁装置、限位措施、防撞措施、支座类型、抗震不利地段的基础构造措施等的评价。

桥梁抗震性能详细评价以结构和构件的抗震计算分析、构件强度和变形检算为主，根据设定的不同地震动水平下桥梁的抗震性能目标，对其承载力、变形等进行分析，并对桥梁结构整体抗震性能作出评价并提出处理意见，编制桥梁抗震性能评价报告。

4 桥梁抗震性能定性评价

4.1 一般规定

4.1.1 桥梁抗震性能定性评价内容应包括桥墩（台）和节点构造措施评价，以及支座、墩梁支承长度、防落梁措施、防撞措施和场地地震地质灾害评价等。

4.1.2 对公路桥梁进行抗震性能评价前，应完成下列工作：
1. 调查桥墩（台）基础冲刷深度及河床变化情况；
2. 实测桥墩（台）材料实际的强度等级、特性；
3. 检查混凝土桥墩（台）的施工缝是否有加强措施，有无裂缝等病害情况；
4. 检查钢筋混凝土墩（台）、节点区域、基础有无露筋、裂缝等不良现象；
5. 检查桥梁支座、锚栓连接、伸缩缝等构件是否完好；
6. 检查梁部是否出现裂缝、铰接缝连接不良、局部损伤及影响结构整体性的不利情况。

4.1.3 抗震性能定性评价中各计算参数宜以实测取值；无法进行实测时，可按相关标准取值。

4.2 桥墩细部构造评价

4.2.1 对桥墩纵向钢筋配筋率限值进行评价时，评价指标如下：
1. 墩柱的纵向钢筋宜对称配筋，纵向钢筋的面积不宜小于 $0.006A_g$，且不应超过 $0.04A_g$，其中 A_g 为墩柱截面面积。
2. 墩柱纵向钢筋之间的距离不应超过 20cm。

4.2.2 A、B 类桥的桥墩（包括墩梁节点）箍筋最小配箍率和布置评价要求如下：
1. 对于处于基本地震动峰值加速度大于或等于 $0.1g$ 场地的桥梁，墩柱潜在塑性铰区域内加密箍筋的配置，应符合下列要求：
   1) 加密区的长度不应小于墩柱弯曲方向截面边长的 1.5 倍或墩柱上弯矩超过最大弯矩 75% 的范围；当墩柱的高度与弯曲方向截面边长之比小于 2.5 时，墩柱加密区的长度应取墩柱全高。对于桩基直径与桥墩直径相同的桩柱式桥墩，箍筋加密区应延伸至桩位处最大冲刷线以下3倍桩径处。

2）加密箍筋的最大间距不应大于10cm或$6d_s$或$b/4$，其中d_s为纵向钢筋的直径，b为墩柱弯曲方向的截面边长。

3）箍筋的直径不应小于10mm。

4）螺旋式箍筋的接头应采用对接焊，矩形箍筋应有135°弯钩，并伸入核心混凝土之内$6d_s$以上，且不小于10cm。

5）加密区箍筋肢距不宜大于25cm。

6）加密区外箍筋量应逐渐减少，但箍筋的配箍率不应小于塑性铰区域加密箍筋配箍率的50%，且箍筋直径和配置形式宜与加密区内相同。

2　对于处于基本地震动峰值加速度大于或等于$0.1g$场地的桥梁，圆形、矩形墩柱潜在塑性铰区域内加密箍筋的最小体积配箍率$\rho_{s,min}$，应按式（4.2.2-1）和式（4.2.2-2）确定。对于处于基本地震动峰值加速度大于或等于$0.4g$场地的桥梁，圆形、矩形墩柱潜在塑性铰区域内加密箍筋的最小体积配箍率$\rho_{s,min}$应比处于基本地震动峰值加速度大于或等于$0.1g$场地的桥梁适当增加，以提高其延性能力。

圆形截面：

$$\rho_{s,min} = \left[0.14\eta_k + 5.84(\eta_k - 0.1)(\rho_t - 0.01) + 0.028\right]\left[\frac{f_{ck}}{f_{yh}}\right] \geq 0.004$$

（4.2.2-1）

矩形截面：

$$\rho_{s,min} = \left[0.1\eta_k + 4.17(\eta_k - 0.1)(\rho_t - 0.01) + 0.02\right]\left[\frac{f_{ck}}{f_{yh}}\right] \geq 0.004$$

（4.2.2-2）

式中：η_k——轴压比，指结构的最不利组合轴向压力与柱的全截面面积和混凝土轴心抗压强度设计值乘积之比值；

ρ_t——纵向配筋率；

f_{ck}——混凝土轴心抗压强度实测值或标准值（MPa）；

f_{yh}——箍筋抗拉强度实测值或标准值（MPa）。

3　墩柱潜在塑性铰区域以外的箍筋体积配箍率不应小于塑性铰区域加密箍筋体积配箍率的50%。

条文说明

美国AASHTO规范和Caltrans准则中纵筋配筋率的规定见下表。

（1）美国AASHTO规范（表4-1）

表4-1 混凝土结构延性设计（美国AASHTO规范）

项　　目	设　计　说　明
塑性铰区范围	箍筋间距取以下三项较大者：柱最大截面尺寸；柱净高的1/6；450mm
墩柱的螺旋筋和圆形箍筋	螺旋筋的体积配筋率ρ_s取$\rho_s = 0.45\left[\dfrac{A_g}{A_c}-1\right]\dfrac{f'_c}{f_{yh}}$与$\rho_s = 0.12\dfrac{f'_c}{f_{yh}}$的较大者。式中，$A_g$为毛截面面积；$A_c$为核心混凝土面积；$f'_c$为混凝土圆柱体抗压强度；$f_{yh}$为箍筋屈服强度
墩柱的矩形箍筋	矩形箍筋（马蹄筋）的整个毛截面面积A_{sh}，取$A_{sh}=0.30ah_c\dfrac{f'_c}{f_{yh}}\left[\dfrac{A_g}{A_c}-1\right]$与$A_{sh}=0.12ah_c\dfrac{f'_c}{f_{yh}}$的较大者。式中，$a$为箍筋间距；$h_c$为计算方向上核心混凝土尺寸
钢筋的搭接和锚固	纵向钢筋搭接只允许出现在柱的中部，搭接长度至少为60倍的钢筋直径或400mm；横向钢筋在纵筋搭接处中心线间距离不应超过以下两者的较小值：0.25倍最小截面尺寸和100mm。 柱顶部和底部最大截面尺寸或者柱净高1/6范围内的横向约束钢筋，其间距不小于450mm；在搭接范围内的横向钢筋的最大间距不超过构件最小尺寸的1/4或100mm的较小者。以上所述横向钢筋范围内不容许螺旋筋的搭接，这些范围内螺旋筋的连接应该采用完全强度焊接。桥墩的最小水平钢筋配筋率ρ_h和竖向钢筋配筋率ρ_v不小于0.0025，最小间距不超过450mm。 剪切钢筋要求连续并且分布均匀。 墩的水平钢筋的搭接要求错落分布
桥墩纵向钢筋	纵向钢筋的面积应该不小于0.01倍且不大于0.06倍毛截面面积

（2）Caltrans准则（表4-2）

表4-2 混凝土结构延性设计（Caltrans准则）

项　　目	设　计　说　明
等效塑性铰长度	$L_p = 0.08L + 0.022f_{ye}d_{bl} \geq 0.044f_{ye}d_{bl}$。式中，$L$为最大弯矩点到反弯点的距离；$d_{bl}$和$f_{ye}$分别为纵筋直径（mm）和屈服应力（MPa）
墩柱箍筋	塑性铰区定义为：弯曲方向截面的1.5倍，超过最大塑性弯矩75%的区域，最大弯矩点至反弯点之间长度的0.25倍。 延性构件塑性铰长度范围内配置螺旋筋或圆形箍筋时，箍筋的体积配筋率按照$\rho_s = \dfrac{4 \times A_b}{D' \times s}$计算。式中，$A_b$为单根钢筋面积；$D'$为外围箍筋中心线围成混凝土截面尺寸；$s$为箍筋间距。 延性构件塑性铰长度范围内配置矩形箍筋时，箍筋的体积配筋率按照$\rho_s = \dfrac{A_v}{D' \times s}$计算。式中，$A_v$为垂直于弯曲方向的钢筋面积总和；$D'$为外围箍筋中心线围成混凝土截面尺寸；$s$为箍筋间距。 延性构件塑性铰长度范围外的体积配筋率不得小于塑性铰长度范围内箍筋的50%

续表 4-2

项 目	设 计 说 明
钢筋的搭接和锚固	延性构件无接头区采用以下值的较大者：塑性铰长度和桥墩的弯矩需求超过 M_y 的部分。纵向钢筋、螺旋箍筋和圆形箍筋在"无接头区"内不允许有接头。"无接头区"外，延性构件的钢筋接头的设置应满足接头性能要求。 能力保护构件的钢筋拼接应满足正常使用阶段的要求。在钢筋应变接近屈服时，能力保护构件的拼接性能应该由"正常使用水平"提升到"极限承载水平"要求
桥墩纵筋	纵向钢筋面积不得小于 0.01 倍且不大于 0.04 倍毛截面面积

值得注意的是：AASHTO 规范和 Caltrans 准则用的 f'_c 是圆柱体（152mm×305mm）轴心抗压强度，而我国现行《公路钢筋混凝土及预应力混凝土桥涵设计规范》（JTG 3362）中混凝土单轴抗压强度为棱柱体（150mm×150mm×300mm）单轴抗压强度，不同混凝土抗压强度之间的换算关系可参照相关规范和教材。

4.2.3 对桥墩纵向钢筋在盖梁和承台里的锚固长度进行评价时，墩柱的纵向钢筋应尽可能地延伸至盖梁和承台的另一侧面，不应在塑性铰区域进行纵向钢筋的连接。

4.2.4 对于处于基本地震动峰值加速度大于或等于 0.1g 场地的桥梁，应对高度大于 7m 的柱式墩和无横系梁的排架墩的构造细节进行评价。

条文说明

桥墩构造细节评价内容包括纵向钢筋配筋率、最小配箍率、纵筋搭接与锚固长度等。在一定强度等级的地震作用下，桥梁结构预期部位出现预定长度的塑性铰，是避免桥梁结构脆性破坏、控制桥梁震害的有效方法。

纵筋配筋率不足会导致延性不足，不利于抗震；但纵筋配筋率过高不仅会影响施工质量，还会影响延性。因此，纵筋配筋率应在合理范围内，根据本细则第 4.2.1 条的相关规定确定。

最小配箍率、纵向钢筋锚固和搭接长度应满足现行相关规范、标准和细则等的最低要求，从而确保具有足够的延性变形能力。从桥墩延性变形的要求出发，需对桥墩（包括墩梁节点）最小配箍率、箍筋布置和纵向钢筋在承台和盖梁中的锚固长度进行评价。

4.3 支座性能评价

4.3.1 评价支座、限位装置和防落梁装置的抗震性能，检查桥梁支座及锚栓连接等构件是否完好、伸缩缝是否完好。

条文说明

常见支座形式有天然或合成橡胶支座，单向、双向滑动盆式支座，固定盆式支座与球型钢支座等；限位装置有钢挡块、混凝土挡块等；防落梁装置有拉杆、拉索等。桥台和墩上的支座系统常见震害有支座系统的倾覆、滑落，螺栓剪坏或松动，支座垫石破坏等。

4.3.2 50年超越概率40%地震作用时，支座应正常工作，其剪切变形、位移、抗滑稳定性应符合相关规范要求，即承载能力需求比、变形能力需求比大于或等于1.0；50年超越概率10%地震作用时，如果支座损伤，应综合考虑挡块等防落梁装置对结构整体抗震性能的影响。

条文说明

支座是传力路径中的关键连接构件，支座破坏也是历次地震中典型的震害形式。在小震作用（50年超越概率40%地震作用）下，支座应满足承载能力和变形能力需求；在中震水平（50年超越概率10%地震作用）以上地震作用下，便于更换的板式橡胶支座可以作为"保险丝式"单元产生摩擦滑移或损伤，地震中中小跨径梁桥的板式橡胶支座的摩擦滑移作用使得传到桥墩的地震力大大降低，应评价支座失效是否会导致落梁的风险。

4.4 防落梁性能评价

4.4.1 梁端至墩、台帽或盖梁边缘距离的实测值应不小于按照下列相关公式确定的最小支撑长度。

1 简支梁梁端至墩、台帽或盖梁边缘应有一定的距离（图4.4.1-1），最小值 a（cm）按下式计算：

$$a \geqslant 70 + 0.5L \tag{4.4.1-1}$$

式中：L——梁的计算跨径（m）。

或：

$$a \geqslant 50 + 0.1L + 0.8H + 0.5L_k \tag{4.4.1-2}$$

式中：L——一联上部结构总长度（m）；

H——支承一联上部结构桥墩的平均高度（m），桥台的高度取值为0；

L_k——一联上部结构的最大单孔跨径（m）。

2 当满足式（4.4.1-3）的条件时，斜桥梁（板）端至墩、台帽或盖梁边缘的最小距离 a（cm）（图4.4.1-2）应按式（4.4.1-1）和式（4.4.1-4）计算，取大值。

$$\frac{\sin 2\theta}{2} > \frac{b}{L_\theta} \tag{4.4.1-3}$$

$$a \geq 50L_\theta \left[\sin\theta - \sin(\theta - \alpha_E) \right] \qquad (4.4.1\text{-}4)$$

式中：L_θ——上部结构总长度（m），对简支梁取其跨径；
　　　b——上部结构总宽度（m）；
　　　θ——斜交角（°）；
　　　α_E——极限脱落转角（°），一般取5°。

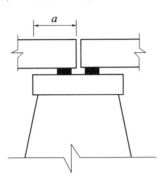

图 4.4.1-1　梁端至墩、台帽或盖梁边缘的最小距离 a

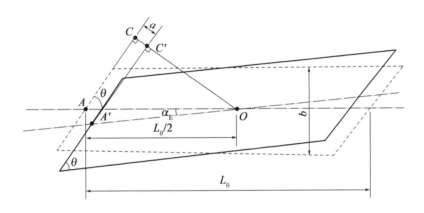

图 4.4.1-2　斜板梁（板）端至墩、台帽或盖梁边缘的最小距离 a

3　当满足式（4.4.1-5）的条件时，曲线桥梁端至墩、台帽或盖梁边缘的最小距离 a（cm）（图4.4.1-3）应按式（4.4.1-6）和式（4.4.1-1）计算，取大值。

$$\frac{115}{\varphi} \cdot \frac{1-\cos\varphi}{1+\cos\varphi} > \frac{b}{L} \qquad (4.4.1\text{-}5)$$

$$a \geq \delta_E \frac{\sin\varphi}{\cos(\varphi/2)} + 30 \qquad (4.4.1\text{-}6)$$

$$\delta_E = 0.5\varphi + 70 \qquad (4.4.1\text{-}7)$$

式中：δ_E——上部结构端部向外侧的移动量（cm）；
　　　φ——曲线梁的中心角（°）；
　　　L——上部结构总弧线长度（m）。

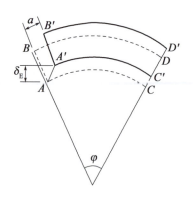

图 4.4.1-3 曲线桥梁端至墩、台帽或盖梁边缘的最小距离 a

条文说明

$a \geq 70 + 0.5L$ 是《公路桥梁抗震设计细则》(JTG/T B02-01—2008) 的取值，未考虑墩高影响；$a \geq 50 + 0.1L + 0.8H + 0.5L_k$ 是《公路桥梁抗震设计规范》(JTG/T 2231-01—2020) 的取值，该公式适用于简支梁、连续梁等结构形式。搭接长度作为构造措施，满足其一即可。

4.4.2 对相邻主梁之间和主梁与桥台胸墙之间的构造措施进行评价时，应检查其设置和使用状态，评价是否会因碰撞导致主梁或胸墙发生严重损伤。

条文说明

梁式桥中落梁属严重震害，在1970年通海地震、1975年海城地震中，多数桥台胸墙被撞坏。对相邻梁之间和主梁与桥台胸墙之间的构造细节（如弹性垫块、缓冲装置和限位结构）进行评价，判定是否设置橡胶垫或其他弹性衬垫等，以避免因碰撞导致相邻主梁或梁与桥台胸墙发生严重损伤。

4.5 场地地震地质灾害危险性评价

4.5.1 对于建造在抗震不利地段和危险地段的桥梁，应进行场地地震地质灾害危险性评价。可根据场地勘察和其他相关信息对场地液化、沉降、地表断裂危险性进行初步评估。

条文说明

抗震不利地段一般指：软弱黏性土层、液化土层和有严重不均匀地层的地段；地形陡峭、孤突、岩土松散、破碎的地段；地下水位埋藏较浅、地表排水条件不良的地段。严重不均匀地层指岩性、土质、层厚、界面等在水平方向变化很大的地层。

抗震危险地段一般指：地震时可能发生滑坡、崩塌的地段；地震时可能塌陷的地段、溶洞等岩溶地段和已采空的矿穴地段；河床内基岩具有倾向河槽的构造软弱面，被深切河槽所切割的地段；发震断裂、地震时可能坍塌而中断交通的各种地段。

4.5.2 在地面以下20m范围内存在饱和砂土或饱和粉土（不含黄土）的地基，应对地基液化的可能性进行评价。当符合下列条件之一时，可初步判别为不液化或不考虑液化影响：

1 当地质年代为第四纪晚更新世（Q_3）及以前时，Ⅶ度、Ⅷ度时可判为不液化；

2 粉土的黏粒（粒径小于0.005mm的颗粒）含量百分率，Ⅶ度、Ⅷ度和Ⅸ度分别不小于10、13和16时，可判为不液化土；

3 天然地基的桥梁，当上覆非液化土层厚度和地下水位深度符合下列条件之一时，可不考虑液化影响：

$$d_u > d_0 + d_b - 2$$
$$d_w > d_0 + d_b - 3 \quad (4.5.2)$$
$$d_u + d_w > 1.5d_0 + 2d_b - 4.5$$

式中：d_w——地下水位深度（m），宜按设计基准期内年平均最高水位采用，也可按近期内年最高水位采用；

d_u——上覆非液化土层厚度（m），计算时宜将淤泥和淤泥质土层扣除；

d_b——基础埋置深度（m），不超过2m时应采用2m；

d_0——液化土特征深度（m），可按表4.5.2采用。

表4.5.2 液化土特征深度 d_0（m）

饱和土类别	Ⅶ度	Ⅷ度	Ⅸ度
粉土	6	7	8
砂土	7	8	9

条文说明

经初步判定可能发生液化的桥址场地，宜通过现场勘探对场地的潜在液化可能性和程度等进行详细的评价，评价场地地基液化对桥梁结构可能造成的损伤程度。

4.5.3 基础下主要受力层存在饱和砂土或饱和粉土时，对下列情况可不进行液化影响的评价：

1 对液化沉陷不敏感的桥梁；

2 符合本细则第4.5.2条规定不发生液化初步判别要求的桥梁。

条文说明

地基基础的定性评价包括饱和砂土、饱和粉土的液化初判、软土震陷等。对基础沉陷不敏感的桥梁结构，即基础沉陷对结构抗震性能影响不显著的情况，可不进行基础液化和沉陷的评价。

4.5.4 同时满足下列条件时，可不进行基础沉降的评价：
1 基础和地下水位以下的土层不会液化；
2 基础下方且地下水位以上土层为下述一种或多种情况时：
1）更新世（地质年代大于 11 000 年）；
2）坚硬的黏土或黏质粉土；
3）无黏性砂土、粉土和砂砾，其最小修正标准贯入锤击数 $(N_1)_{60}$ 为 20 次/0.3m。

条文说明

本条引自《公路结构物抗震加固改造手册（上册：桥梁）》第 3 章关于沉降危险性的初步筛选条件。

4.5.5 满足下列条件之一时，可评价为不会发生地表断裂：
1 没有穿过桥梁场地的断层迹线，或有断层迹线穿过但断层不是活动断层；
2 桥址在Ⅶ度及Ⅶ度以下场地；
3 桥址在Ⅷ度及Ⅷ度以上场地时，前第四纪基岩隐伏断裂的土层覆盖厚度分别大于 60m 和 90m。

条文说明

本条第 1 款参考了《公路结构物抗震加固改造手册（上册：桥梁）》第 3 章关于地表断层破裂危险性的初步筛选内容。

4.5.6 基础下主要受力层饱和砂土与饱和粉土符合下列条件时，可不进行地震作用下地基沉陷的估算：
1 桥址在Ⅷ度以上场地时，地基土静承载力特征值分别大于 80kPa 和 100kPa；
2 桥址在Ⅷ度场地时，基础底面以下的软弱土层厚度不大于 5m。

4.5.7 对于不能满足第 4.5.2 条、第 4.5.4～4.5.5 条或无法进行定性评价的场地，应开展进一步研究，并在桥梁抗震性能详细评价时考虑地质灾害对桥梁抗震性能的影响。

条文说明

如果各项指标满足筛选要求（第4.5.2条、第4.5.4~4.5.5条），可以认为发生这种地质灾害的危险性较低，不需要进一步研究。

5 桥梁抗震性能详细评价

5.1 一般规定

5.1.1 桥梁抗震性能详细评价应包括结构、构件的承载力评价和变形能力评价。

条文说明

结构承载力评价主要对应于小震作用（50年超越概率40%地震作用）下的受力构件以及中震作用（50年超越概率10%地震作用）下的能力保护构件，该类结构、构件均应满足无损伤或轻微损伤的要求。变形性能评价主要对应于大震作用（即50年超越概率2.0%~5.0%地震作用），允许结构发生损伤，但不倒塌。

5.1.2 进行桥梁结构抗震性能详细评价时，可将桥梁分为规则桥梁和非规则桥梁两类。表5.1.2限定范围内的梁桥属于规则桥梁，不在此表限定范围内的梁桥属于非规则桥梁，拱桥为非规则桥梁。

表5.1.2 规则桥梁的定义

参　数	参　数　值				
最大跨径	≤90m				
墩高	≤30m				
单墩高度与直径或宽度比	大于2.5且小于10				
跨数	2	3	4	5	6
曲线桥梁圆心角φ及半径R	跨间$\varphi<30°$且一联累计$\varphi<90°$，同时曲率半径$R≥20b$（b为桥宽）				
跨与跨间最大跨长比	3	2	2	1.5	1.5
轴压比	<0.3				
跨与跨间桥墩最大刚度比	—	4	4	3	2
支座类型	普通板式橡胶支座、盆式橡胶支座（铰接约束）等。使用滑板支座、采用顶钢板和底钢板的橡胶支座等属于非规则桥梁				
下部结构类型	桥墩为单柱墩、双柱框架墩、多柱排架墩				
地基条件	不易液化、侧向滑移或易冲刷的场地，远离断层				

条文说明

为了简化桥梁结构动力响应计算及抗震性能评价，桥梁结构根据其在地震作用下的动力响应的复杂程度分为两大类，即规则桥梁和非规则桥梁。

5.1.3 场地地震地质灾害危险性较高时，应从下列几个方面来评价地质灾害可能对桥梁抗震性能的影响：

1 桥址场地有潜在液化侧向扩展且距常水位水迹线100m范围内，应评价液化后土体滑移与开裂的风险。

2 当场地发生液化并产生明显侧向滑移时，应评价液化侧向滑移对基础、桥台、桥墩（柱）抗震能力的影响。

条文说明

场地液化对桥梁的潜在危害包括有限侧向滑移、地面沉降等，会导致落梁风险。应对存在场地液化风险的桥梁结构进行抗震性能分析，对构件的承载力和变形能力进行抗震检算，以确保关键构件具有足够的抗震性能。

5.2 建模与分析原则

5.2.1 应基于详细调查分析的资料和数据，依据结构材料的实测强度、截面尺寸以及配筋等数据，建立可靠的桥梁结构分析模型，采用适当的静力和动力分析方法分析构件、结构承载力和变形性能，以此作为结构抗震性能评价的依据。

条文说明

本细则以结构抗震性能为基准，对不同设防水准地震作用下待评价桥梁的各构件分别进行抗震性能评价。抗震性能评价强调在不同水准地震作用下，判别桥梁结构是否满足对应的抗震性能目标，因此，其采用的结构分析方法除传统的线弹性分析方法外，地震作用水平在中震作用（50年超越概率大于10%地震作用）及以上时，结构超出线弹性范围的相关评价，应采用非线性分析方法，且要求结构几何形状、刚度、质量分布、截面性质、支座和基础等符合实际情况。因此，在进行结构分析前，应详细调查各类构件的材料强度、截面尺寸、桥墩配筋细节与材料劣化等情形，并按桥梁结构的实际结构形式建立桥梁结构的动力分析模型，必要时通过现场测试来获得分析模型和能力校核中用到的参数或构件材料特性，宜考虑混凝土劣化和钢筋锈蚀等耐久性因素对结构抗震性能的影响。

5.2.2 当桥梁具有下列一种或多种结构特点时，应考虑地震作用引起的结构扭转效应等不利影响，宜采用反应谱法或时程分析法对桥梁结构进行评价分析：

1　桥梁的结构形式为复杂的曲线桥或斜弯桥；
2　桥梁上、下部结构之间的连接构造不对称；
3　相邻桥墩高度相差较大；
4　平立面的质量、刚度分布明显不对称。

条文说明

对于结构形式复杂的桥梁（如弯桥、斜桥，以及上、下部结构之间的连接构造不均匀对称，相邻桥墩高度相差较大，平立面的质量、刚度分布明显不对称的桥梁），地震作用下桥梁的动力响应特性复杂，采用简化计算方法不能很好地反映其动力响应特性，因此对结构形式复杂的桥梁，要求采用更精确的分析方法和校核过程来确保抗震性能评价结果的合理性。

5.2.3　桥址存在不连续地质特性或地形特征可能造成各桥墩的地震动参数显著不同，以及桥梁一联总长超过600m时，宜采用非一致激励（即多支承激励）方式，考虑地震动的空间变化，对桥梁抗震性能进行评价。

条文说明

当桥梁所处场地特征变化较大，并且结构地震响应对场地变化敏感时，宜考虑地震动空间变化的影响，采用非一致激励（即多支承激励）方式进行分析。非一致激励包括波传播效应、矢相干效应和不同墩基础的场地差异。

5.2.4　对于刚构桥主梁，在动力分析模型中，应考虑主梁潜在损伤对整桥抗震性能的影响。

条文说明

对于刚构桥，主梁损伤会引起地震力在结构体系中的重新分布，因此在抗震性能评价分析模型中应考虑主梁潜在损伤、破坏对整桥抗震性能的影响。

5.3　地震作用

5.3.1　对于直线桥可分别考虑顺桥向和横桥向的地震作用；对于曲线桥可分别沿相邻两桥墩连线方向和垂直于连线水平方向进行多方向地震输入，以确定最不利地震作用水平输入方向。

5.3.2　位于Ⅷ度以上场地的拱式结构、长悬臂桥梁结构和大跨度结构，以及竖向地震作用效应很重要时，应同时考虑顺桥向、横桥向和竖向的地震作用。

条文说明

如桥址位于发震断层附近,竖向地震作用较大或待评价桥梁结构对竖向地震作用很敏感时,应考虑竖向地震作用。

5.3.3 若能确定桥址离活动断层的距离超过50km,可只考虑水平向地震作用;对位于发震断层两侧10km以内的近断层桥梁结构,应进行场地地震安全性评价和桥梁抗震性能评价专题研究,并考虑近断层效应的影响,计算时采用的地震动参数应计入近场特性影响。

条文说明

近断层地震地面运动在美国圣·费尔南多地震(1971年)、美国洛马·普里埃塔地震(1989年)、美国北岭地震(1994年)、日本阪神地震(1995年)及中国台湾集集地震(1999年)等历史地震中均有表现,而脉冲型速度输入是其最为显著的特征之一。在几次大地震的记录中均出现了以高能脉冲和较长周期为特征的脉冲型运动,可产生较大的冲击力和变形,造成结构物的严重破坏。因此,在发震断层两侧10km以内的场地应进行场地地震安全评价,来判定近断层效应对桥梁结构的地震反应的影响。近断层效应对水平反应谱的影响包括:

(1) 近断层效应导致地面运动幅值增加;
(2) 指向效应:当振动周期大于0.5s时,由断裂方向指向场地产生的地面运动的加强;
(3) 方向效应:当振动周期大于0.5s时,垂直于断层走向方向的地震地面运动的加强。

因近断层附近的桥梁场地条件和场地地震动的特殊性,目前积累的科研技术基础资料不足,应对此开展专题研究工作。

5.3.4 采用反应谱分析方法计算桥梁结构在对应水准地震作用下的响应,当同时考虑三个正交方向(顺桥向 X、横桥向 Y 和竖向 Z)的地震作用时,可分别单独计算 X 向地震作用在计算方向产生的最大效应 E_X、Y 向地震作用在计算方向产生的最大效应 E_Y 与 Z 向地震作用在计算方向产生的最大效应 E_Z。计算方向总的最大地震作用效应 E 按下式求取:

$$E = \sqrt{E_X^2 + E_Y^2 + E_Z^2} \qquad (5.3.4)$$

5.3.5 当桥梁动力分析采用多振型反应谱分析法时,所考虑的振型阶数不得少于跨数的3倍,且顺桥向、横桥向及竖向各自的累计振型贡献率均应大于90%,方向组合宜采用 SRSS 法，振型组合宜采用 CQC 法。

条文说明

振型贡献率是振型质量与总质量的比率，见式（5-1）～式（5-4）。振型贡献率在一定程度上体现各振型反应在总反应中的相对大小，是决定参与叠加计算的振型数目的重要参数，参数本身只与结构固有振动特性有关。

$$r_{xi} = \frac{M_{xi}}{\sum_{j=1}^{N_x} m_{xj}} \quad (i=1,\cdots,N) \tag{5-1}$$

$$r_{yi} = \frac{M_{yi}}{\sum_{j=1}^{N_y} m_{yj}} \quad (i=1,\cdots,N) \tag{5-2}$$

$$r_{zi} = \frac{M_{zi}}{\sum_{j=1}^{N_z} m_{zj}} \quad (i=1,\cdots,N) \tag{5-3}$$

$$r_i = \frac{M_{xi}+M_{yi}+M_{zi}}{\sum_{j=1}^{N_x} m_{xj}+\sum_{j=1}^{N_y} m_{yj}+\sum_{j=1}^{N_z} m_{zj}} \quad (i=1,\cdots,N) \tag{5-4}$$

式中：r_i——第 i 振型的振型贡献率；

r_{xi}、r_{yi}、r_{zi}——第 i 振型 x、y、z 方向的振型贡献率，通常以百分率表示；

M_{xi}、M_{yi}、M_{zi}——第 i 振型 x、y、z 方向的振型质量；

$\sum_{j=1}^{N_x} m_{xj}$、$\sum_{j=1}^{N_y} m_{yj}$、$\sum_{j=1}^{N_z} m_{zj}$——x、y、z 方向的总质量。

5.3.6 阻尼比为 5% 的场地水平向加速度反应谱（图 5.3.6）应由下式确定：

$$S = \begin{cases} S_{\max}(0.6T/T_0 + 0.4) & T \leq T_0 \\ S_{\max} & 0.1\text{s} < T \leq T_g \\ S_{\max}(T_g/T) & T_g < T \leq 10\text{s} \end{cases} \tag{5.3.6}$$

式中：T——结构自振周期（s）；

T_0——反应谱直线上升段最大周期，取 0.1s；

T_g——场地特征周期（s）；

$S_{\max}$——场地水平向加速度反应谱最大值（g）。

条文说明

进行桥梁抗震性能评价，应给出抗震评价加速度反应谱。为与新一代地震区划图内容一致，本细则中采用《中国地震动参数区划图》（GB 18306—2015）给出的对应阻尼比为 5% 的地震动加速度反应谱，地震动加速度反应谱放大系数最大值取 2.5。

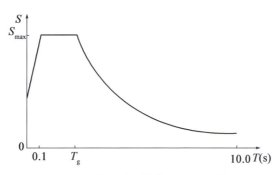

图 5.3.6 场地水平向加速度反应谱

5.3.7 场地水平向加速度反应谱最大值 S_{max} 应由下式确定：

$$S_{max} = 2.5 C_i C_s C_d A_h \tag{5.3.7}$$

式中：C_i——抗震重要性系数，即不同地震重现期地震动峰值加速度与基本地震动峰值加速度的比值，见表 3.0.3；

C_s——场地系数，按表 5.3.7-1 的规定取值，场地类别划分见表 5.3.7-2；

C_d——阻尼调整系数，按本细则第 5.3.9 条确定；

A_h——Ⅱ类场地基本地震动峰值加速度，按表 5.3.7-3 的规定取值。

表 5.3.7-1 场地系数 C_s 的数值

Ⅱ类场地地震动峰值加速度值	场地类别				
	I_0	I_1	Ⅱ	Ⅲ	Ⅳ
≤0.05g	0.72	0.80	1.00	1.30	1.25
0.1g	0.74	0.82	1.00	1.25	1.20
0.15g	0.75	0.83	1.00	1.15	1.10
0.2g	0.76	0.85	1.00	1.00	1.00
0.3g	0.85	0.95	1.00	1.00	0.95
≥0.4g	0.90	1.00	1.00	1.00	0.90

表 5.3.7-2 场地类别划分

场地覆盖土层等效剪切波速 v_{se}（或岩石剪切波速 v_s）（m/s）	场地覆盖土层厚度 d（m）					
	$d=0$	$0<d<3$	$3 \le d<5$	$5 \le d<15$	$15 \le d<50$	$50 \le d<80$	$d \ge 80$
$v_s>800$	I_0	—					
$800 \ge v_s>500$	I_1	—					
$500 \ge v_{se}>250$	—	I_1	Ⅱ				
$250 \ge v_{se}>150$	—	I_1	Ⅱ			Ⅲ	
$v_{se} \le 150$	—	I_1	Ⅱ		Ⅲ		Ⅳ

表 5.3.7-3　Ⅱ类场地基本地震动峰值加速度 A_h

地震烈度	Ⅵ	Ⅶ	Ⅷ	Ⅸ	Ⅹ
A_h	$0.04g \leq A_h < 0.09g$	$0.09g \leq A_h < 0.19g$	$0.19g \leq A_h < 0.38g$	$0.38g \leq A_h < 0.75g$	$A_h \geq 0.75g$
A_h 建议值	$0.05g$	$0.10g$（$0.15g$）	$0.20g$（$0.30g$）	$0.40g$	$0.80g$

条文说明

考虑到既有公路桥梁的重要性和在抗震救灾中的作用，采用多水平设防、两等级的抗震性能评价。为了保证桥梁抗震性能评价结果的准确性和经济性，对于不同类别桥梁可以给出不同的抗震设防水准及相应的抗震性能要求，其对应的地震作用通过抗震重要性系数确定。

场地条件对地震动的幅值、频谱都有显著的影响，《中国地震动参数区划图》（GB 18306—2015）采用两个系数改进了反应谱最大值和特征周期的规定。本细则采用的场地地震动峰值加速度调整系数，见表 5.3.7-1。

场地类别划分直接引用《中国地震动参数区划图》（GB 18306—2015）的内容，即根据场地覆盖土层等效剪切波速和场地覆盖土层厚度划分为五类，见表 5.3.7-2。

《中国地震动参数区划图》（GB 18306—2015）中考虑了Ⅹ度地震烈度与Ⅱ类场地地震动峰值加速度的对照情况。在基本地震动峰值加速度取值表中也给出了地震烈度为Ⅹ度时的 A_h 建议值，见表 5.3.7-3。

5.3.8　确定场地特征周期 T_g，应按场地位置在现行《中国地震动参数区划图》（GB 18306）中的"中国地震动峰值加速度区划图"上确定地震分区后，根据桥址的场地类别，按表 5.3.8 确定。

表 5.3.8　抗震评价加速度反应谱特征周期调整表（s）

Ⅱ类场地基本地震动加速度 反应谱特征周期分区值	场地类型				
	$Ⅰ_0$	$Ⅰ_1$	Ⅱ	Ⅲ	Ⅳ
0.35	0.20	0.25	0.35	0.45	0.65
0.40	0.25	0.30	0.40	0.55	0.75
0.45	0.30	0.35	0.45	0.65	0.90

注：本表引自《中国地震动参数区划图》（GB 18306—2015）。

条文说明

场地特征周期 T_g 直接采用《中国地震动参数区划图》（GB 18306—2015）的数据。

5.3.9　结构的阻尼调整系数 C_d，除有专门规定外，结构的阻尼比 ξ 应取值 0.05，式（5.3.9）中的阻尼调整系数 C_d 取值1.0。当结构的阻尼比按有关规定取值不等于0.05时，阻尼调整系数 C_d 应按下式取值：

$$C_d = 1 + \frac{0.05 - \xi}{0.06 + 1.7\xi} \geq 0.55 \qquad (5.3.9)$$

5.3.10 抗震评价竖向加速度反应谱由水平向加速度反应谱乘以下式给出的竖向/水平向谱比函数 R。

基岩场地：

$$R = 0.65 \qquad (5.3.10\text{-}1)$$

土层场地：

$$R = \begin{cases} 1.0 & T < 0.1\text{s} \\ 1.0 - 2.5(T - 0.1) & 0.1\text{s} \leq T < 0.3\text{s} \\ 0.5 & T \geq 0.3\text{s} \end{cases} \qquad (5.3.10\text{-}2)$$

条文说明

桥梁抗震性能评价需要考虑竖向地震作用时，应给出竖向加速度反应谱，大多数抗震设计规范通常采用场地水平向加速度反应谱乘以一个系数来确定，这个系数取值一般在1/2~2/3之间。

5.4 分析方法

5.4.1 桥梁结构、构件的抗震性能宜采用静力弹塑性分析方法或动力非线性分析方法进行计算。

条文说明

50年超越概率大于10%地震作用时，结构可能进入弹塑性工作状态，静力弹塑性分析方法是一种能够反映结构整体和局部构件抗震性能的评价方法，对于各类梁式桥均可以采用这种方法来估算结构、构件的抗震性能。

静力弹塑性分析方法（Pushover分析法），通过预先设定作用在结构上的侧向力分布模式，逐级增加荷载，直到结构倒塌，此时对应的结构位移可用于评估结构的位移能力。静力弹塑性分析方法可以考虑结构的内力重分布，计算模型可以模拟构件存在的各种非线性因素。

5.4.2 抗震性能详细评价时，宜依据公路桥梁结构形式规则性及抗震性能水平，采用适当的分析方法，具体如下：

1 规则桥梁对应抗震性能水平为无损伤或轻微损伤的评价：线性单自由度、多自由度反应谱分析法；

2 非规则桥梁对应抗震性能水平为无损伤或轻微损伤的评价：线性多自由度反应谱分析、线性动力时程分析法；

3 规则桥梁对应抗震性能水平为中等损伤或损伤严重的评价：线性单自由度、多自由度反应谱分析法，非线性动力时程分析法；

4 非规则桥梁对应抗震性能水平为中等损伤或损伤严重的评价：线性多自由度反应谱分析法、非线性动力时程分析法。

条文说明

对于规则桥梁的抗震性能评价，是根据大量震害经验和理论研究成果，采用简化计算分析方法分析在地震作用下的动力响应特性。对于非规则桥梁，由于其动力响应特性复杂，应采用较合理的分析方法来确保抗震性能评价的可靠性。因此，针对抗震性能水平为无损伤或轻微损伤进行需求分析时，对于规则桥梁宜采用线性单自由度或多自由度反应谱分析法；对于非规则桥梁宜采用多自由度反应谱分析法或线性动力时程分析法。针对抗震性能水平为中等损伤或损伤严重进行需求分析时，无论是规则还是非规则桥梁，可以先采用线性反应谱分析方法进行初步评估，当结果表明结构构件可能出现损伤时，宜采用非线性动力时程分析法进行评价。

5.4.3 采用时程分析法时，应同时输入两个或三个方向分量的一组地震动时程计算地震作用效应，并应按下列原则选择地震动时程：

1 已作地震安全性评价的桥址，地震动时程应根据专门的工程场地地震安全性评价的结果确定。

2 未作地震安全性评价的桥址，可根据本细则规定的加速度反应谱，合成与其匹配的加速度时程；也可选用与设定地震震级、距离和场地条件相近的实际地震动加速度记录，并通过时域方法调整，使其反应谱与本细则加速度反应谱协调。

条文说明

采用非线性时程分析法时，叠加原理不再适用，因此，各方向的分量需同时考虑，即同时输入包含两个或三个方向分量的一组地震动时程。获取包含两个或三个方向分量的一组地震动时程，或采用和桥址场地条件接近的天然地震波，经调整得到和设计加速度反应谱匹配的一组地震波。

5.4.4 对于时程分析的最终结果，当采用3组加速度时程计算时，应取3组计算结果的最大值；当采用7组加速度时程计算时，可取7组结果的平均值用于结构抗震性能的评价。

5.5 基础抗震性能评价

5.5.1 应评价扩大基础、柱式桩基础、排架桩基础对桥梁结构整体抗震性能的影响。

5.5.2 进行排架桩基础抗震性能评价时，应依据不同的承台结构形式及对应的潜在破坏模式（弯曲破坏、剪切破坏和滑动破坏等），计算其相应的能力需求比。

5.5.3 评价基础破坏对桥梁结构整体抗震性能的影响时，结构动力分析模型中应适当考虑基础刚度及其破坏模式的影响。对于桩基础，宜依据实际土层钻探资料和现场土性试验资料，建立考虑土-桩-结构相互作用影响的合理计算模型，并采用不同的分析方法。当采用线弹性动力分析方法时，基础刚度模拟可采用等效线性土弹簧模拟；当采用非线性静力与动力分析方法时，模拟基础与周围土体相互作用的土弹簧应能合理反映土体的非弹性特性。

条文说明

基础的刚度和强度对桥梁结构整体响应影响较大，因为基础刚度会影响桥梁体系的总体刚度，进而影响桥梁体系的地震需求和地震力分配关系。因此，在建立基础分析模型时，应适当地模拟实际的桥梁基础刚度。对于桩基础，分析模型宜考虑桩周围土体非线性以及桩土相互作用的影响。必要时，还宜现场取样并进行相关试验，以确定分析模型中涉及的一些关键参数取值。

5.5.4 在50年超越概率2.0%~5.0%地震作用下，对于图5.5.4所示的柱式桩基础，当塑性铰出现在桩基础中时，应对其强度和延性性能进行评价。

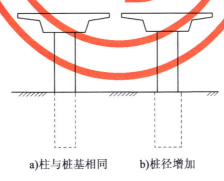

图 5.5.4 柱式桩基础

条文说明

由于基础损伤不易检查和修复，因此，在地震作用下，不希望在基础中产生较大的损伤。如果柱式桩基础在截面和配筋方面与墩柱基本相同或桩径增大时，在大震作用下，应对其进行性能评价。

5.6 桥台抗震性能评价

5.6.1 评价桥台抗震性能时，应计算桥台各种潜在破坏模式对应的强度及稳定性的能力需求比，并判别其对桥梁结构整体抗震性能的影响。

条文说明

桥台破坏机理总体取决于地震动特性、桥台结构类型、基础类型、岸坡特性、台背填土特性、场地土壤特性（特别是场地液化）及其与上部结构连接构造等因素。大量的桥台震害资料表明，桥台的震害形态主要表现为以下几类：①地基液化失效；②桥台填土的沉陷引起桥台滑移；③台身与上部结构碰撞破坏引起的桥台剪切破坏，如主梁与桥台在纵向发生碰撞可能会导致桥台背墙的破坏，或在地震动下的桥台旋转及向后倾斜；④斜桥和曲线桥桥台震害特点集中表现为上部结构的平面内旋转移位引起主梁与桥台的碰撞。一般来说，桥台背墙破坏是允许的，因为背墙有时被设计成"保险丝式单元"，从而起到保护桥台下部结构及桩基础的作用。主梁横桥向相对变形则会导致桥台翼墙和横桥向剪力键等的破坏。对于桥台本身的抗震能力，应校核设计地震主动土压力作用下桥台的稳定性。

除了由于主梁在桥台处因搭接长度不足导致落梁外，很少由于桥台破坏而导致结构倒塌，因此，桥台损伤的风险一般是可以接受的，但当桥台处基础发生液化震害时则可能导致结构发生倒塌。如果桥梁结构需要震后立即提供紧急交通功能，在桥台破坏而影响救援交通运输通道的情况下，对桥台应进行尽可能详尽的抗震能力评价。应该注意到，桥台破坏很少导致桥梁结构的倒塌，且桥台的抗震加固通常是比较经济的，并可以改善邻近桥墩的抗震能力需求比，从而降低桥墩的加固改造费用。

5.6.2 当计算桥台地震需求时，桥台台身地震惯性力可按静力法计算，即水平地震力可按式（5.6.2）确定。

$$E_{\text{hau}} = C_i C_s C_d A_h G_{\text{au}} / g \tag{5.6.2}$$

式中：E_{hau}——作用于台身重心处的水平地震作用力（kN）；

A_h——Ⅱ类场地基本地震动峰值加速度；

G_{au}——基础顶面以上台身的重力（kN）；

g——重力加速度；

C_i——抗震重要性系数，即不同地震重现期地震动峰值加速度与基本地震动峰值加速度的比值；

C_s、C_d——分别为场地系数和阻尼调整系数。

5.6.3 当桥台背面为黏性填土时，地震时作用在桥台上的主动土压力可按下式确定：

$$E_{ea} = \left[\frac{1}{2}\gamma H^2 + qH\frac{\cos\alpha}{\cos(\alpha-\beta)}\right]K_a - 2cHK_{ca} \qquad (5.6.3\text{-}1)$$

式中：E_{ea}——地震主动土压力；
γ——黏性填土重度（kN/m³），水下采用浮重度；
H——桥台高（m）；
q——滑裂楔体上的均布荷载标准值，地面倾斜时为单位斜面积上的重力标准值（kPa）；
α——桥台背面与竖直方向之间的夹角（°）；
β——填土表面与水平面的夹角（°）；
c——黏性填土的黏聚力（kPa）；
K_a——地震主动土压力系数，按下式计算；

$$K_a = \frac{\cos^2(\varphi-\alpha-\theta)}{\cos\theta\cos^2\alpha\cos(\alpha+\delta+\theta)\left[1+\sqrt{\frac{\sin(\varphi+\delta)\sin(\varphi-\beta-\theta)}{\cos(\alpha-\beta)\cos(\alpha+\delta+\theta)}}\right]^2} \qquad (5.6.3\text{-}2)$$

φ——填土的内摩擦角（°）；
δ——填土与桥台背的摩擦角（°）；
θ——地震角（°），可按表5.6.3取值；
K_{ca}——系数，按下式计算。

$$K_{ca} = \frac{1-\sin\varphi}{\cos\varphi} \qquad (5.6.3\text{-}3)$$

表5.6.3 地震角取值表

基本地震动峰值加速度		0.10g（0.15g）	0.20g（0.30g）	0.40g
θ（°）	水上	1.5	3.0	6.0
	水下	2.5	5.0	10.0

地震土压力计算示意图如图5.6.3所示。

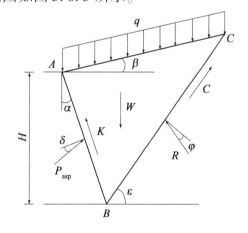

图5.6.3 地震土压力计算示意图

5.6.4 当桥台背面为黏性填土时，地震时作用在桥台上的被动土压力可按下式确定：

$$E_{ep} = \left[\frac{1}{2}\gamma H^2 + qH\frac{\cos\alpha}{\cos(\alpha-\beta)}\right]K_{psp} + 2cHK_{cp} \quad (5.6.4\text{-}1)$$

式中：E_{ep}——地震被动土压力；

K_{psp}——地震被动土压力系数，按式（5.6.4-2）计算；

$$K_{psp} = \frac{\cos^2(\varphi+\alpha-\theta)}{\cos\theta\cos^2\alpha\cos(\alpha-\delta+\theta)\left[1+\sqrt{\frac{\sin(\varphi+\delta)\sin(\varphi+\beta-\theta)}{\cos(\delta+\theta-\alpha)\cos(\alpha-\theta)}}\right]^2}$$

$$(5.6.4\text{-}2)$$

K_{cp}——系数，按式（5.6.4-3）计算。

$$K_{cp} = \frac{\sin(\varphi-\theta) + \cos\theta}{\cos\theta\cos\varphi} \quad (5.6.4\text{-}3)$$

5.6.5 当桥台后填土无黏性时，地震时作用于桥台台背的主动土压力也可按下列简化公式确定：

$$E_{ea} = \frac{1}{2}\gamma H^2 K_A\left(1 + \frac{3C_i A_h}{g}\tan\varphi\right) \quad (5.6.5\text{-}1)$$

式中：γ——土的重度（kN/m^3）；

φ——台背土的内摩擦角（°）；

K_A——非地震条件下作用于台背的主动土压力系数，按下式计算。

$$K_A = \frac{\cos^2\varphi}{(1+\sin\varphi)^2} \quad (5.6.5\text{-}2)$$

当判定桥台地表以下有液化土层或软土层时，其作用于桥台台背的主动土压力应按下式确定：

$$E_{ea} = \frac{1}{2}\gamma H^2(K_A + 2C_i A_h/g) \quad (5.6.5\text{-}3)$$

5.6.6 当评价桥台损伤对桥梁结构整体抗震性能的影响时，特别是中小跨径梁桥，全桥动力分析模型中应建立桥台分析模型，且依据桥台结构形式、基础形式及台后填土性质等建立合理反映其地震作用下弹性与非弹性力学特性的桥台分析模型。

条文说明

桥台对桥梁结构体系的影响取决于多种因素。当考虑桥台影响时，对于非线性分析，台背填土以仅受压不受拉的弹塑性土弹簧模拟；对于线弹性分析，可采用等效弹性刚度模拟。图 5-1 为桥台-土系统分析模型示意图，该图引自 PEER 2008 年研究报告 *Guidelines for Nonlinear Analysis of Bridge Structures in California* 第 2.7 节。

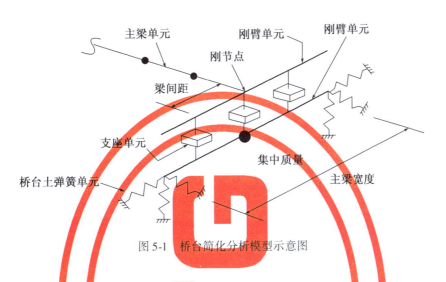

图 5-1 桥台简化分析模型示意图

5.6.7 对处于场地基本地震动峰值加速度大于或等于 0.1g 的山区桥梁，进行桥台挡土结构的稳定性评价时，可采用现行公路桥涵设计规范相关计算规定，抗滑安全系数不应小于 1.1，抗倾覆安全系数不应小于 1.2。

5.7 桥墩抗震性能评价

5.7.1 评价桥墩构件抗震性能时，应考虑桥墩潜在破坏模式对应的桥墩（柱）抗震能力需求比。当可从现场获得材料有关参数时，宜根据实测材料性能数据评价其对桥梁结构整体抗震性能的影响。

条文说明

在强震作用下，新建桥梁抗震设计中允许桥墩发生损伤，但对于既有桥梁结构，桥墩可能延性和变形能力不足，可能发生以下几种破坏模式中的一种，如弯曲破坏、剪切破坏、弯剪破坏等，如图 5-2 所示。如果桥墩的弯曲强度或剪切强度突然降低，就可能导致结构倒塌。

5.7.2 应评价桥墩破坏对其他构件受力性能的影响，并考虑其损伤出现的先后顺序，评价局部损伤对桥梁结构整体抗震性能的影响。

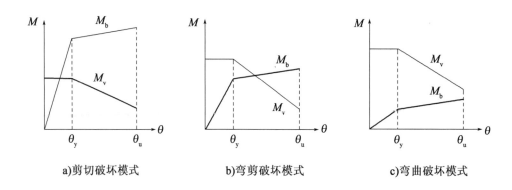

a) 剪切破坏模式　　　　b) 弯剪破坏模式　　　　c) 弯曲破坏模式

图 5-2　桥墩控制截面破坏模式

M_b-弯曲强度对应的弯矩；M_v-剪切强度对应的弯矩；θ_y-屈服转角；θ_u-极限转角

条文说明

评价桥墩破坏对其他构件的影响，需详尽分析结构可能形成的损伤部位。因为某一局部的损伤破坏都意味着有额外的力将传给其他构件，当局部发生严重损伤时，结构的冗余度越低，结构倒塌的危险性则越大。

5.7.3　采用动力分析方法评价桥墩（柱）破坏对桥梁结构其他部位的累积影响及其对桥梁结构整体抗震性能的影响时，应建立准确反映其非线性力学行为和破坏模式的桥墩分析模型。

5.7.4　根据钢筋和混凝土的实际应力-应变关系分别模拟材料特性，通过截面的弯矩-曲率计算分析评价桥墩抗震弯曲强度。

条文说明

采用数值积分法进行截面弯矩-曲率分析（考虑相应的轴力），得到图 5-3 所示的截面弯矩-曲率曲线。图中 M_y 为截面最外层钢筋首次屈服时对应的初始屈服弯矩；M_u 为截面极限弯矩；M_{eq} 为截面等效抗弯屈服弯矩。按照能力相等的原则，将弯矩-曲率全曲线模型等效为图中所示弹塑性双线性模型时，得到等效抗弯屈服弯矩。

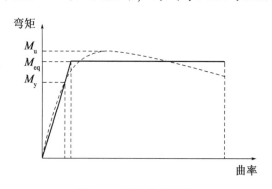

图 5-3　弯矩-曲率曲线

5.7.5 应评价桥墩（柱）的抗剪能力，计算桥墩（柱）的抗剪能力与地震需求的比值，并评价其对桥梁结构整体抗震性能的影响。桥墩（柱）抗剪能力应满足式（5.7.5-1）的要求，沿顺桥向和横桥向的斜截面抗剪强度应按式（5.7.5-2）确定。

$$\phi V_n \geq V_0 \quad (5.7.5\text{-}1)$$

$$V_n = V_c + V_s \quad (5.7.5\text{-}2)$$

式中：ϕ——强度折减系数，取 0.9；

V_n——斜截面抗剪强度（N）；

V_c——混凝土抗剪强度（N），按式（5.7.5-3）计算；

V_s——箍筋提供的抗剪能力（N），按式（5.7.5-8）计算。

1 混凝土抗剪强度 V_c，按下式计算：

$$V_c = v_c \times A_e, \quad A_e = 0.8 A_g \quad (5.7.5\text{-}3)$$

1）墩柱塑性铰区域内：

$$v_c = 1.10 f_1 \times f_2 \times \sqrt{f_{ck}} \leq 0.363 \sqrt{f_{ck}} \quad (5.7.5\text{-}4)$$

2）墩柱塑性铰区域外：

$$v_c = 0.275 \times f_2 \times \sqrt{f_{ck}} \leq 0.363 \sqrt{f_{ck}} \quad (5.7.5\text{-}5)$$

$$0.025 \leq f_1 = \frac{\rho_s f_{yh}}{12.5} + 0.305 - 0.083 \mu_d \leq 0.25 \quad (5.7.5\text{-}6)$$

$$f_2 = 1 + \frac{P_c}{13.8 \times A_g} < 1.5 \quad (5.7.5\text{-}7)$$

式中：v_c——混凝土允许剪应力（MPa），当墩柱轴向所受轴力的组合值为拉力时，$v_c = 0$；

A_e——核心混凝土面积（mm²）；

A_g——毛截面面积（mm²）；

f_{yh}——箍筋抗拉强度实测值或标准值（MPa）；

ρ_s——箍筋体积配筋率，即箍筋体积与核心混凝土体积之比；

P_c——轴力（N）；

f_{ck}——混凝土轴心抗压强度实测值或标准值（MPa）；

μ_d——局部延性系数。

2 箍筋提供的抗剪能力 V_s，按下式计算：

$$V_s = \frac{A_k b}{S_k} f_{yh} \leq 0.737 \times \sqrt{f_{ck}} A_e \quad (5.7.5\text{-}8)$$

式中：A_e——核心混凝土面积（mm²）；

A_k——同一截面上箍筋的总面积（mm²）；

S_k——箍筋的间距（mm）；

f_{yh}——箍筋抗拉强度实测值或标准值（MPa）；

f_{ck}——混凝土轴心抗压强度实测值或标准值（MPa）；

b——沿计算方向墩柱的宽度（mm）。

条文说明

本条参考美国加州规范 Caltrans Seismic Design Criteria (V1.7 2013)。地震作用下，桥墩剪切破坏为脆性破坏模式，延性不足，可导致倒塌灾害的发生，因此应详细评价其抗剪能力及其损伤对体系抗震能力的影响。

5.7.6 评价桥墩（柱）的延性变形能力，应按式（5.7.6-1）计算潜在塑性铰区域沿顺桥向和横桥向的塑性转动能力，对于规则桥梁，可只验算桥墩墩顶位移。对于高宽比小于2.5的矮墩，可不检算桥墩的变形，但应按本细则第5.7.4条和第5.7.5条检算强度。

$$\theta_p \leq \theta_u \quad (5.7.6\text{-}1)$$

式中：θ_p——潜在塑性铰区域的地震塑性转角；

θ_u——塑性铰区域的最大容许转角，按下式计算：

$$\theta_u = L_p(\phi_u - \phi_y)/K \quad (5.7.6\text{-}2)$$

ϕ_u——截面极限破坏状态的曲率；

ϕ_y——截面的等效屈服曲率；

K——延性安全系数，取2.0；

L_p——等效塑性铰长度（cm），可取以下两式计算结果的较小值：

$$L_p = 0.08H + 0.22f_{yk}d_s \geq 0.44f_{yk}d_s \quad (5.7.6\text{-}3)$$

$$L_p = \frac{2}{3}b \quad (5.7.6\text{-}4)$$

H——悬臂墩的高度或塑性铰截面到反弯点的距离（cm）；

f_{yk}——纵向钢筋抗拉强度实测值或标准值（MPa）；

d_s——纵向钢筋的直径（cm）；

b——矩形截面的短边尺寸或圆形截面直径（cm）。

条文说明

为了评价在对应设防水准地震作用下，梁式桥、高架桥梁墩柱是否具有足够的变形能力而不发生倒塌，应评价墩柱位移能力或塑性铰区域塑性转动变形的能力。对于高宽比小于2.5的矮墩，主要破坏模式为剪切破坏，因此可不评价其变形能力而评价其抗弯和抗剪强度。

5.7.7 当延性桥墩在大震作用下出现塑性铰时，延性墩柱及其盖梁的剪力需求应考虑桥墩正截面抗弯承载能力超强系数，该超强系数取为1.2。

5.8 支座性能评价

5.8.1 对采用板式橡胶支座的桥梁结构，应对各水准地震作用下的支座剪切应变和抗滑稳定性进行校核。在 E1 地震作用下，支座剪切应变和抗滑稳定性应分别满足式（5.8.1-1）和式（5.8.1-2）的要求。在 E2 地震作用下，若支座剪切应变和抗滑稳定性不满足要求，应结合桥梁结构的防落梁措施，综合评价支座对桥梁结构整体抗震性能的影响。

1 支座剪切应变校核应按式（5.8.1-1）进行：

$$\frac{D_{x0}}{\sum t} \leqslant \tan\gamma \tag{5.8.1-1}$$

式中：D_{x0}——对应水准地震作用和永久作用效应组合后引起的橡胶支座顶面相对于底面的水平位移（m）；

$\sum t$——橡胶层总厚度（m）；

$\tan\gamma$——橡胶片剪切角正切值，取 $\tan\gamma = 1.0$。

2 支座抗滑稳定性校核应按式（5.8.1-2）进行：

$$E_{hzb} \leqslant \mu_d R_b \tag{5.8.1-2}$$

式中：E_{hzb}——对应水准地震作用和永久作用效应组合后橡胶支座的水平地震力（kN）；

R_b——上部结构重力在支座上产生的反力（kN）；

μ_d——支座的动摩阻系数，橡胶支座与混凝土表面的动摩阻系数采用 0.15，与钢板的动摩阻系数采用 0.10。

条文说明

对于传统板式橡胶支座，E1 地震作用下支座可能会由于剪切破坏或滑动而导致主梁移位。当支座剪切应变或抗滑稳定性不满足要求时，应对其进行调整或更换。

我国中小跨径桥梁广泛采用板式橡胶支座，梁体直接搁置在支座上，支座与梁底和墩顶无螺栓连接，地震作用下，梁底与支座顶面易产生摩擦滑移，导致较大的梁体位移，甚至落梁破坏。因此，应对支座的剪切应变和抗滑稳定性进行校核。对于支座剪切应变或抗滑稳定性不满足要求的，应对其深入分析。汶川地震震害表明，采用板式橡胶支座的桥梁结构，在"中震"或"大震"作用下虽然会导致较大的梁体位移，但是支座和挡块的损伤过程具有分级耗能的作用，支座与连接构件间的摩擦滑移大大减小了桥墩的水平地震力，从而保护了桥墩。因此在确保不发生落梁的情况下，板式橡胶支座抗剪或者抗滑稳定性不满足要求并不能作为抗震性能详细评价不通过的依据，而应具体结合桥梁结构的防落梁构造，根据支座及其实际连接条件和约束条件合理评价剪切变形、滑动变形及支座损坏后与邻近构件可能发生碰撞等因素，综合评价支座对桥梁结构整体抗震性能的影响。

5.8.2 桥梁采用活动盆式支座时，对于容许滑动方向，应校核对应地震水准下支座位移需求 X_0，并与支座的容许滑动位移 X_{max} 比较来评价其抗震能力。对于固定盆式支座，应计算对应水准下的地震水平剪力需求 E_{hzb}，并与支座容许的水平承载力 E_{max} 比较来评价其抗震能力。

条文说明

X_0 为对应水准地震作用效应和永久作用效应组合得到的活动盆式支座水平滑动位移需求；X_{max} 为活动盆式支座容许水平滑动位移；E_{hzb} 为地震作用效应和永久作用效应组合得到的固定盆式支座水平力设计值地震需求；E_{max} 为固定盆式支座容许承担的最大水平力。

对于传统盆式支座，地震作用下支座破坏会导致落梁震害的发生，因此，应校核其在对应设防水准下的抗震性能。对于固定支座，如果支座水平承载力不满足要求，应评价由此导致的主梁移位以及落梁的可能性，如果有落梁的可能性，则需要对其进行适当加固改造。

5.9 梁部和节点区域抗震性能评价

5.9.1 当桥梁结构为刚构桥时，应对其上部结构主梁的抗震性能进行评价。主梁抗震性能评价包括其弯曲能力和抗剪能力评价，依据现行《公路钢筋混凝土及预应力混凝土桥涵设计规范》（JTG 3362）计算上部结构弯曲、剪切对应的能力需求比，并评价上部结构的抗震性能。

5.9.2 应对梁与墩柱之间的节点区域依据式（5.9.2-1）和式（5.9.2-2）给出的主压应力和主拉应力要求进行抗震性能评价。

主压应力：

$$p_c \leq 0.305 \times f_{ck} \tag{5.9.2-1}$$

主拉应力：

$$p_t \leq 0.419 \times \sqrt{f_{ck}} \tag{5.9.2-2}$$

$$p_c = \frac{f_h + f_v}{2} + \sqrt{\left(\frac{f_h - f_v}{2}\right)^2 + v_{jv}^2} \tag{5.9.2-3}$$

$$p_t = \frac{f_h + f_v}{2} - \sqrt{\left(\frac{f_h - f_v}{2}\right)^2 + v_{jv}^2} \tag{5.9.2-4}$$

式中：p_c、p_t——节点区域的名义主压应力和名义主拉应力（MPa）；

f_{ck}——混凝土轴心抗压强度实测值或标准值（MPa）；

f_v、f_h——节点沿竖直方向和水平方向的正应力（MPa）；

v_{jv}——节点名义剪应力（MPa）。

1 对于墩顶盖梁与桥墩节点、主梁与桥墩固结节点（图5.9.2-1），沿竖直、水平方向的正应力和剪应力可按下列公式确定：

$$f_v = \frac{P_c}{(D_c + D_s) \times B_{cap}} \quad (5.9.2\text{-}5)$$

$$f_h = \frac{P_b}{B_{cap} \times D_s} \quad (5.9.2\text{-}6)$$

$$v_{jv} = \frac{T_c}{l_{ac} \times B_{cap}} \quad (5.9.2\text{-}7)$$

式中：P_c——墩柱轴力（N）；

P_b——盖梁（或主梁）与墩柱固结节点处的轴力，包括预应力产生的轴力（N）；

T_c——墩柱截面受拉区拉应力的合力，定义为 M_c/h，其中 h 为墩柱截面拉应力区合力点与压应力区合力点之间的距离（mm）；

B_{cap}——盖梁与墩柱节点区沿纵桥向宽度，或主梁与墩柱固结节点沿横桥向宽度（mm）；

D_c——沿墩柱弯曲方向的宽度（mm）；

D_s——盖梁与墩柱节点区（或主梁与墩柱固结节点）的高度（mm）；

l_{ac}——墩柱纵向钢筋伸入盖梁（或主梁）固结节点的长度（mm）。

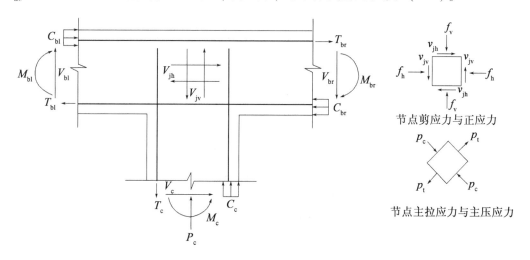

图 5.9.2-1　盖梁（或主梁）与墩柱固结节点受力图

图中：M_{bl}、M_{br}、M_c——盖梁（或主梁）节点区左右两侧弯矩和墩柱弯矩；

V_{bl}、V_{br}、V_c——盖梁（或主梁）节点区左右两侧剪力和墩柱剪力；

T_{bl}、T_{br}、T_c——盖梁（或主梁）节点区左右两侧受拉区合力和墩柱受拉区合力；

C_{bl}、C_{br}、C_c——盖梁（或主梁）节点区左右两侧及墩柱混凝土受压区合力；

V_{jh}、V_{jv}——节点水平和竖向名义剪力。

2　对于横梁与墩柱固结的节点（图 5.9.2-2），沿竖直、水平方向的正应力和剪应力可按下列公式确定：

$$f_v = \frac{P_c^b + P_c^t}{2b_b h_c} \quad (5.9.2\text{-}8)$$

$$f_{\rm h} = \frac{P_{\rm b}}{b_{\rm je}h_{\rm b}} \quad (5.9.2\text{-}9)$$

$$v_{\rm jv} = v_{\rm jh} = \frac{V_{\rm jh}}{b_{\rm je}h_{\rm b}} \quad (5.9.2\text{-}10)$$

$$V_{\rm jh} = T_{\rm c}^{\rm t} + C_{\rm c}^{\rm b} \quad (5.9.2\text{-}11)$$

式中：$b_{\rm je}$、$h_{\rm b}$——分别为横梁横截面的宽度和高度（mm）；

$b_{\rm b}$、$h_{\rm c}$——分别为上立柱横截面的宽度和高度（mm）；

$P_{\rm c}^{\rm b}$、$P_{\rm c}^{\rm t}$——分别为上、下立柱的轴力（N）；

$T_{\rm c}^{\rm t}$——考虑超强系数（取值1.2）的混凝土墩柱纵筋拉力（N）；

$C_{\rm c}^{\rm b}$——考虑超强系数（取值1.2）的混凝土墩柱受压区压应力合力（N）；

$P_{\rm b}$——横梁的轴力，包括预应力产生的轴力（N）；

$V_{\rm jh}$——节点名义剪力（N）；

$v_{\rm jh}$——节点名义剪应力（MPa）。

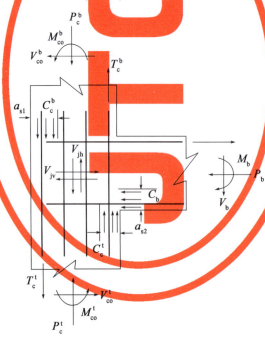

图 5.9.2-2 横梁与墩柱固结的节点受力图

图中：$P_{\rm c}^{\rm b}$、$P_{\rm c}^{\rm t}$、$P_{\rm b}$——上、下立柱和横梁的轴力；

$M_{\rm co}^{\rm b}$、$M_{\rm co}^{\rm t}$、$M_{\rm b}$——上、下立柱和横梁的弯矩；

$V_{\rm co}^{\rm b}$、$V_{\rm co}^{\rm t}$、$V_{\rm b}$——上、下立柱和横梁的剪力；

$T_{\rm c}^{\rm b}$、$T_{\rm c}^{\rm t}$——上、下立柱纵向钢筋拉力；

$a_{\rm s1}$、$a_{\rm s2}$——混凝土受压区高度；

$C_{\rm c}^{\rm b}$、$C_{\rm c}^{\rm t}$、$C_{\rm b}$——上、下立柱和横梁混凝土受压区压应力合力；

$V_{\rm jh}$、$V_{\rm jv}$——节点竖向和水平向名义剪力。

条文说明

我国对桥梁节点区域的抗震构造和性能研究不足，很少有试验资料可以借鉴。但历次地震震害都表明，桥梁节点区域是地震易损部位之一，且其损坏对整桥的抗震性能有时有较大影响。

刚构桥的主梁与桥墩固结的节点、盖梁与桥墩之间的节点、框架体系桥墩的横梁与立柱之间的节点，均需要进行节点区抗震性能评价，应用材料实际强度和节点构造细节进行计算和评价。对于前两种节点，本细则借鉴美国 *AASHTO Guide Specifications for LRFD Seismic Bridge Design*（2011）第8.13.2节和美国加州设计准则 *Caltrans Seismic Design Criteria*（V1.7）第7.4.4节的规定。

本细则用词用语说明

1 本细则执行严格程度的用词，采用下列写法：

1）表示很严格，非这样做不可的用词，正面词采用"必须"，反面词采用"严禁"；

2）表示严格，在正常情况下均应这样做的用词，正面词采用"应"，反面词采用"不应"或"不得"；

3）表示允许稍有选择，在条件许可时首先应这样做的用词，正面词采用"宜"，反面词采用"不宜"；

4）表示有选择，在一定条件下可以这样做的用词，采用"可"。

2 引用标准的用语采用下列写法：

1）在标准总则中表述与相关标准的关系时，采用"除应符合本细则的规定外，尚应符合国家和行业现行有关标准的规定"。

2）在标准条文及其他规定中，当引用的标准为国家标准和行业标准时，表述为"应符合《××××××》（×××）的有关规定"。

3）当引用本标准中的其他规定时，表述为"应符合本细则第×章的有关规定"、"应符合本细则第×.×节的有关规定"、"应符合本细则第×.×.×条的有关规定"或"应按本细则第×.×.×条的有关规定执行"。